L. DAVID

Instituteur
Officier d'Académie
Lauréat de la Ligue de l'Enseignement
Membre correspondant de la Société Académique
de Guyenne et Gascogne

LA

Fin d'une Famille Noble

AU XIXᵉ SIÈCLE

Les de PONCHARRAL de POUILLAC

Possesseurs du Château de Bellevue
en Saint-Avit, Charente

ANGOULÊME
IMPRIMERIE OUVRIÈRE
18, rue d'Aguesseau, 18

1912

L. DAVID

Instituteur
Officier d'Académie
Lauréat de la Ligue de l'Enseignement
Membre correspondant de la Société Académique
de Guyenne et Gascogne

LA
Fin d'une Famille Noble
AU XIXE SIÈCLE

Les de PONCHARRAL de POUILLAC

Possesseurs du Château de Bellevue
en Saint-Avit, Charente

ANGOULÊME
IMPRIMERIE OUVRIÈRE
18, rue d'Aguesseau, 18

1912

LA FIN D'UNE FAMILLE NOBLE

AU XIXᵉ SIÈCLE

Les de Poncharral de Pouillac

POSSESSEURS DU CHATEAU DE BELLEVUE EN SAINT-AVIT, CHARENTE

Ce nom de Poncharral a été écrit de bien des façons : Poncharral, Poncharal, Poncharail, Poncharraille, Pontcharral, Pontcharal, Pontcharrail, Pontcharail, Poncharrat, Pontcharat, Poncharra, Pontchara, *Ponchaval* ?

De même Pouillac, Pouliac, Pauillac, Poillac, Poulliac, Pouiliac, Pouilliac, *Pontiac* ?

D'après Sannin, les armes de cette famille étaient : *de Sinople à un pont d'or et un chef de même chargé d'un croissant de gueules.*

Le lecteur me pardonnera certainement d'avoir écrit le nom sous plusieurs formes dans le même alinéa. J'ai respecté l'orthographe du document informateur.

Le 8 décembre 1573, il y a une supplique des membres du corps de ville pour éviter un changement de garnison qui devait imposer des charges plus considérables à la ville de Saintes.

. . . .

« Et le siège estant devant la Rochelle.

....

Durant lequel siège il auroit passé et repassé par le pays et séjourné plusieurs compaignies tant de cheval que le pied, entre autres les régiments des sieurs *de Pouiliac, de Bourg Baraudon,* ayant 30 à 40 enseignes, pour lesquelles on aurait dressé estapes suivant les commissions à eulx envoyées, et néangmoins n'auroient délaissé de vivre à discrétion, et emmené les meubles et bestails qu'ils auroient trouvé aux champs, usé de plusieurs violences et ransonnements.

.... » (1).

Qu'est-ce que ce sieur de Pouiliac qui venait rejoindre le camp du duc d'Anjou sous les murs de La Rochelle ? Est-ce un ancêtre de la famille de Poncharral, marquis de Pouillac, qui a donné tant d'officiers à la royauté ?

....

Le Dictionnaire des anoblis, 1270-1768, publié en 1866 par la librairie Bachelier-Deflorenne, 14, rue des Prêtres Saint-Germain-l'Auxerrois, à Paris, dit à la page 313 :

N *Ponchaval. Lettre patente pour anoblissement de Jean-Baptiste Ponchaval, de Pontiac, gentihomme ordinaire de Mgr le duc d'Orléans* — 1674. »

Par suite d'une erreur de lecture, d'orthographe, ou de typographie, n'aurait-on point voulu écrire *Poncharal, de Pouliac,* et ne serait-ce point le même que le suivant ?

Ce Pouliac n'est-il point celui des Basses-Pyrénées, pays natal de Henri IV, dont le duc d'Orléans était le deuxième petit-fils ?

....

---

(1) Baron Eschasseriaux. Etudes, documents et extraits relatifs à la ville de Saintes.

En 1678, Jean de Poncharal est seigneur de Pouliac, *Bellevue* et Saint-Avit. Il paraît avoir eu : 1° Marie de Pouliac qui est marraine à Bazac le 1er octobre 1697 de Marie, fille de Jean Lamothe et de Françoise Durand, nommée ainsi par M. Jean de Chante-Merle et présentée par M. François de Seiche. Signé : Marie de Pouliac, François de Seiche, Anne de Pouliac, Juteau, curé.

Le curé a écrit Pouillac et ces demoiselles ont écrit Pouliac (1).

2° Anne de Poncharra de Pouillac qui est marraine à Bazac le 27 septembre 1715 de Thibaud, fille de Daniel Pinaud et de Suzanne Braud. Parrain : messire Thibaud de la Brousse de Verteillac, écuyer, seigneur de Cressac. Mlle Anne de Poncharra de Pouillac est indiquée habitante de la paroisse de Saint-Avit. Signé : Anne de Pouliac de Poncharal, Pynaud, Th. de la Brousse de Verteillac, Marie de Pouliac, Baudin, curé (2).

Le 10 août 1741 est décédée à Chalais l'honorable personne demoiselle Anne de Pouliac de Poncharat de *Bellevue*, âgée de 60 ans environ, après avoir reçu les saints sacrements de l'église et inhumée le 11e dans le caveau de ses pères en cette église (3).

3° Louis ou Daniel-Louis de Poncharal qui en 1744, est indiqué marquis de Pouillac, Saint-Avit et Bazac en partie, frère et hériter d'Anne de Poncharal de Pouillac.

Il fut lieutenant des maréchaux de France en Saintonge.

Le maréchal de France était le 2e dignitaire dans l'armée royale de France, au-dessous du connétable, et le 1er après la suppression de cet officier en 1626. Philippe-Auguste créa les maréchaux de France en 1185.

---

(1) Registres paroissiaux de Bazac.
(2) Idem.
(3) Archives communales de Saint-Avit.

Il n'y en eut d'abord qu'un seul. On en comptait 2 au temps de Louis IX. François Ier en fixa le nombre à 3 et rendit leur charge viagère, de temporaire qu'elle était. Il y en eut 4 sous Henri II, 5 sous François II, 7 sous Charles IX, et 9 sous Henri III. Louis XIV et ses successeurs en nommèrent jusqu'à 20. Leur insigne était un bâton de commandement fleurdelisé, et, depuis 1675, ils portèrent le titre de Monseigneur. Le maréchalat, supprimé en 1792, fut rétabli en 1804 par Napoléon Ier; les titulaires furent appelés maréchaux d'Empire, et leur nombre fut d'abord de 18, dont 2 sénateurs, et plus tard de 20, dont 4 sénateurs (1).

Le lieutenant (de lieu et tenant) avait pour mission de seconder le Maréchal et de le remplacer parfois.

Lorsque les seigneurs de Poncharral jouaient ce rôle, ils méritaient certes d'être qualifiés officiers distingués et considérés.

En 1745 ou 1746, alors qu'elle jouissait d'une influence considérable, Jeanne-Antoinette Poisson, marquise de Pompadour, vint à *Bellevue* se reposer quelques jours.

En 1763, Daniel-Louis de Poncharal est qualifié ancien lieutenant des maréchaux de France en Saintonge et il meurt en 1770.

Il avait épousé Marguerite Denéchaud de Martimont et sans doute ensuite Marie d'Averhoult qui se dit, en 1758, veuve de Louis Guinot de Soulignac, écuyer, et épouse de Louis de Poncharal, marquis de Pouliac. Elle obtient alors l'ouverture du testament de Marie-Angélique Guinot, veuve de Henri de Beaumont, chevalier, seigneur du Gibaud, en Marignac.

Il eut : 1° Marguerite-Rosalie de Poncharral de Pouliac.

---

(1) Dezobry.

« Le 8 juillet 1745, demoiselle Marguerite-Rosalie de Pontcharral de Poulliac, fille unique et légitime de haut et puissant seigneur messire *Louis de Poncharat de Pouliac*, chevalier seigneur marquis de Pouliac, de la chatellenie de *Bellevue*, Saint-Avit, Bazac et en partie de d'autres places, lieutenant de nos seigneurs les maréchaux de France dans la province de Saintonge, a été publiée et mariée à Saint-Avy avec haut et puissant seigneur messire Louis-François-Ignace du Verger, écuyer, chevalier seigneur marquis de Barbe, etc..., chevalier de justice des ordres royaux et militaires de N. D. du Montcarmel et Saint-Lazare, lieutenant de nos seigneurs les maréchaux de France à Bourdaux et province de Guyenne, habitant dans son château de Barbe, paroisse de Villeneu en Bourgerat, diocèse de Bourdaux. » (1).

2° Jean-Baptiste de Poncharal, marquis de Pouliac, lieutenant des maréchaux de France en Saintonge, marié à Amboise vers 1750 (2) à Marie-Louise-Paule Ouvrad de Martigny qui, vers 1761, demande séparation de corps et de biens. On la croit Polonaise. La tradition conservée dans le pays est qu'on les a *ramités* et lorsqu'elle est revenue par la malle-poste à Chalais, on avait tendu des tapis de Chalais à *Bellevue* pour la recevoir sans que ses pieds touchent à terre. Il y eut ensuite grandes réjouissances au château. Il meurt en 1785.

. . . .

Ce précédent mariage a donné :

1° « Le 29 avril 1752 a été baptisé sur les fons baptismaux de cette église (paroisse Saint-Pierre de Saintes) Eutroppe-Louis-Alexandre, né aujourd'hui, fils légitime de Messire Jean-Baptiste-André Pontcharrail de Pouillac et de dame Marie-Louise-Paule Ouvrard de

---

(1) Archives communales de Saint-Avit.
(2) De Brémond d'Ars.

Martigny, son épouse; a été parrein Mre Louis-Alexandre Martigny, ch^r de Nazel, grand'oncle de l'enfant, et la marreine dame Marie Huon, veuve de feu M. Labbé, conseiller au présidial. » (1).

2° Louis, né le 25 octobre 1753 : « Le 28 de septembre 1763 ay suppléé les cérémonies de baptême à Louis, né le 25 octobre 1753 et ondoyé par permission de l'ordinaire le 26 du même mois et an, fils naturel et légitime de Messire Jean-Baptiste-André de Poncharal, marquis de Pouillac, lieutenant de Mgrs les maréchaux de France, sur la province de Saintonge, et de damme Marie-Louise-Paule Ouvrard de Martigny. Ont été parrain très haut et très puissant seigneur de Conflans, marquis d'Armentières, chevalier de tous les ordres de sa Majesté lieutenant-général de ses armées et gouverneur de............ représenté par messire Eutrope-Louis-Alexandre de Poncharal de Pouillac, et marraine damme Marguerite Denéchaud de Martimont, épouse de Messire Daniel-Louis de Poncharal, marquis de Pouillac, ancien lieutenant de Mgrs les maréchaux de France. » (2).

Ce dernier a dû mourir célibataire, chef de bataillon retraité.

Il pourrait y avoir eu encore Denis-Joseph et Henriette, mariée peut-être à Antoine de Bardines; je ne peux préciser pour ces deux derniers.

Eutrope-Alexandre de Poncharal, marquis de Pouillac, demeurant à *Bellevue*, vota à Saintes en 1789 pour son fief de Bellevue.

Son frère Louis, désigné ci-dessus, chevalier de Pouillac, y vota pour son fief de *La Guérinerie*. Est-ce *La Guérinerie* de Courcoury ? ou celle qui se trouve en Saint-Léger de Pons ?

---

(1) Archives communales de Saintes.
(2) Idem.

MARIAGE DE PONCHARRAL ET DE FAGET

« L'an mil sept cent quatre-vingt-quatre, le vingt-un avril, après la publication d'un banc tant dans cette paroisse que celle de Saint-Avit, diocèse de Saintes, sans avoir découvert aucun empêchement, ni reçu d'opposition au mariage d'entre *haut et puissant seigneur Messire Louis-Eutrope-Alexandre de Poncharral, marquis de Pouliac*, chevalier, seigneur de *Bellevue*, Saint-Avit et autres lieux, ancien officier au régiment de Flandre, habitant de la paroisse de Saint-Avit en Saintonge, fils légitime de feu *haut et puissant seigneur Messire Jean-Baptiste-André de Poncharral, marquis de Pouliac*, chevalier, ancien officier aux gardes françaises et lieutenant de nos seigneurs les maréchaux de France, et de dame *Marie-Louise-Paule Ouvrard de Martigny*, procédant comme majeur et du consentement de Madame sa mère, d'une part ; et *Marie-Anne-Félicité de Faget*, demoiselle, fille légitime de *Messire Louis-Zénon de Faget*, chevalier, conseiller honoraire en la cour des *Aydes* et finances de Guyenne, et de dame *Françoise de Lartigue*, avec lesquels elle demeure rue Rohan, paroisse Sainte-Eulalie, et procédant de leur consentement ; d'autre part, vu la dispense des deux autres bancs qui restent à publier tant dans cette paroisse que celle de Saint-Avit, cette dernière datée du 14 de ce mois, signée : du Pavillon, vicaire général, et, plus bas, Auzier, secrétaire ; celle de ce diocèse, datée d'hier, signée de Laporte, vicaire général, et, plus bas, Corneille, vicaire ; aussi la permission de leur impartir la bénédiction nuptiale, incontinent après avoir reçu leurs promesses de mariage, je soussigné, du consentement exprès de Mre de Montsec, curé, ai reçu leurs promesses de mariage et incontinent après leur ai imparti la bénédiction nuptiale aux formes prescrites par l'Eglise, en présence de *Messire Louis-Zénon de Faget*, Ecuyer, conseiller honoraire en la cour des *Aydes* de Guienne, père de l'épouse, de *Messire Alexandre de Policard*, Ecuyer, officier au régiment de Berry-Infanterie, habitant de la paroisse de Saint-Christophe, de *Messire Jacques-Justin de Chillaud*, Ecuyer, officier au régiment Dauphin-Cavalerie, habitant de cette paroisse, de *Mre Maître Ambroise-Roch Sicard*, prêtre et chanoine de l'église de Bordeaux, et de *Mre Maître Pierre-Thimothée de Roullier*, vicaire de cette paroisse, qui ont signé ainsi que les époux.

Signé au Registre : de Poncharral, époux ; de Faget, épouse ; de Faget, père ; de Policard ; Chillaud ; Sicard, chanoine semi-prébendé de Saint-André ; de Roullier, vicaire ; de Martigny, marquise de Poncharral de Pouliac ; Lartigue de Faget, mère ; Lartigue de Policard ; Lartigue Barret ; Delage de Fougeras ; Faget de Quennefer ; Le Grand Delage ; Adélaïde de Policard ; de Faget, prieur de Saint-Etienne et sacriste de la cathédrale d'Agen, pour avoir imparti la bénédiction nuptiale ; Barret, sacriste ; Quichaud » (1).

Ce mariage vint habiter le château de *Bellevue*.

On raconte qu'un jour le marquis de Poncharral et le Prince de Chalais étaient en partie de chasse sur le domaine du marquis, à l'endroit où se trouve actuellement l'étang. Ils poursuivaient un lièvre qui se jeta dans le creux d'un tronc d'arbre. Un berger, nommé Vergnaud, interpellé par le marquis qui lui demandait : Où est le lièvre ? répondit : Dans le creux de cet arbre ! — Tu te moques de moi... tiens voilà pour toi... et en même temps un coup de crosse de fusil appliqué sur la tête le jeta à terre..... Le Prince de Chalais dit alors : Il pourrait avoir raison... si nous allions voir...

---

(1) Archives municipales de Bordeaux, série G. G., registre 409, acte 28.

En effet le lièvre, à leur approche, sort de son gîte...
Il fut tué et le marquis dit à Vergnaud : Va au château, on te donnera à manger et à boire...

....

De cette union sont nés trois enfants.

La brouille éclata dans le ménage vers 1809 et les deux parties essayèrent, dit-on dans le pays, d'obtenir le divorce ; elles dépensèrent plus de cent mille francs et ne réussirent qu'à se séparer. Madame de Poncharral quitta Bellevue pour se retirer à Marmande, auprès d'un oncle ou d'un frère, où elle mourut en 1816, comme le prouve l'acte dont la teneur suit :

« L'an mil huit cent seize et le vingt-quatrième jour du mois de mai à neuf heures du matin, acte de décès de *Marie-Anne-Félicité de Faget*, épouse de Monsieur *Louis-Eutrope-Alexandre Marquis de Poncharral*, décédée le jour d'hier à quatre heures du matin au lieu de Marmande, section de Labat, âgée de cinquante-un ans, née à Bordeaux, département de la Gironde, demeurant à Marmande, fille de *M. Louis-Zénon de Faget* et de *Madame Françoise Lartigue de Faget* « (1).

Pendant ce temps, le Marquis, resté à Bellevue, menait joyeuse vie. La table du château était continuellement ouverte et les festins succédaient aux festins ; aussi la fortune s'en alla vite.

« Le 25 juin 1811, est accouchée Marie Barrière à la borderie de *Bellevue* d'un enfant du sexe masculin dont le père est inconnu, auquel les témoins ont donné le nom de Pierre » (2).

Mariot, Jean, 84 ans, propriétaire en Saint-Avit, a eu ce Pierre Barrière pour métayer ; on l'avait surnommé « Marquis ». Il se maria du côté d'Orival avec une Chauvin, dont il eut une fille toujours appelée

---

(1) Archives communales de la ville de Marmande (Lot-et-Garonne).
(2) Archives communales de Saint-Avit.

« Marquise ». Elle épousa elle-même un nommé Barrès et divorça. Elle est peut-être encore vivante et serait domiciliée dans les environs de Mouthiers (Charente).

Les souvenirs des amours du Marquis séparé de sa dame abondent dans le pays.

« Le 18 février 1831, est décédé *Louis-Eutrope-Alexandre de Pontcharaille*, âgé de 79 ans, veuf de dame *Marie-Anne-Félicité de Faget* » (1).

Ses restes reposent sous une dalle de l'église de Saint-Avit, au milieu de la nef en arrivant à la sainte table. Pendant longtemps, il n'y eut qu'une épaisse planche pour fermer la tombe, on a fini par y mettre un carrelage en briques.

BELLEVUE A LA RÉVOLUTION

Avant 1789, les gens de Saint-Avit et de Rioux-Martin portaient la dîme au Seigneur de *Bellevue*, ainsi que le prouvent plusieurs actes qui me sont tombés sous les yeux.

Le 10 novembre 1788, Jean Gouzil vend à Pierre Desage deux petites pièces appelées le pré de Saint-Avit, dite paroisse, « au devoir de rentes envers la seigneurie de *Bellevue*, à cause de la prise des Very du bourg dont elles font partie ».

Prix : 240 livres.

Contrôlé et insinué à Chalais, le 15 novembre 1788. Reçu dix sous pour livres compris ; cinq livres dix-

---

(1) Archives communales de Saint-Avit.

huit sous six deniers. Signé : Desbrissonneries ou Desbrissonnières.

La minute porte : « Jay reçu de Pierre Desage acquéreur dans le présent acte vingt-quatre livres pour les lods et ventes des objets annoncés a icelluy luy ayant fait grâce du surplus sans préjudice à mes autres droits et devoirs dont quittence à *Bellevue* ce 3 décembre 1788.

Signé : Poncharral marquis de Pouliac. »

Le 25 novembre 1788, Jean Roy achetait de messire François Ferret de La Grange, demeurant au lieu de Ferrière, paroisse de Pillac (Charente), deux pièces de terre en Saint-Avit et une en Saint-Christophe. « Les deux premières au devoir d'agriers aux dix un des fruits y croissant » et la dernière « au devoir de rente que les parties estiment à quinze deniers, le tout envers la seigneurie de *Bellevue*. ».

Prix : 500 livres.

La minute porte : « Jay reçu de l'acquéreur la somme de soixante-deux livres dix sols, pour les lods et ventes de la présente acquisition ayant fait remise du surplus sans préjudice à mes autres droits et devoirs seigneuriaux. A Chalais, ce 15 février 1789.

Signé : Poncharral marquis de Pouliac. »

Sans doute ce Jean Roy était déjà employé dudit seigneur de Bellevue, comme le montre la pièce ci-après, sans date :

« D'après l'éloge qu'on ma faite de la conduite De jean Roy fils je me suis Déterminé Par le Bezoin que j'ai d'un homme de Confiance pour La Levée de mes agrières des Villages de Godinaud et Godichaud de Le choisir sur tout autres; j'espère que chacun des habitans de ces villages Le regardront comme me représentant pour qu'il soit comme je le désire à couvert de toutes insultes; et je lui donnerai des Témoignages de son Zèle pour mes intérêts que je suis Persuadé qu'il aura acœur.

Signé : Poncharail marquis de Pouliac. » (1).

Cette pièce porte un timbre en cire noire représenté ci-dessous.

Dans la séance mémorable du 4 août 1789, les Etats Généraux avaient supprimé les droits féodaux, mais les droits d'agriers avaient été respectés pour quelques années encore et, sans doute, les habitants de Rioux-Martin étaient impatients de voir tout aboli. Le Directoire du département envoya des commissaires civils sur place parce que plusieurs attroupements avaient troublé l'ordre et la tranquillité publique..............

Du rapport des commissaires, en date du 15 juillet 1791, il résulte que dans la paroisse de Rioux-Martin, le nommé Mauget, maire, a provoqué la résistance à la loi au lieu de s'y opposer ; qu'il a plusieurs fois rassemblé les gardes nationales pour les engager à commettre des voies de fait, que c'est à son instigation que les bancs ont été enlevés de l'église, que des chaises ont été brisées, qu'une pierre servant d'appui à une vieille femme a même été mise dehors ; qu'il a fait armer les habitants de haches, pioches, tranches, cognées et autres armes pour les conduire chez le

---

(1) Papiers de M. Auger.

sieur Hillairet à l'effet de lui faire restituer des agriers qu'il avait reçus, exiger du vin, de lui brûler sa maison en cas de résistance ou la démolir ; qu'il les a également invités à aller chez le nommé Boitard, et à *Bellevue chez le sieur Poncharat ;* qu'il a toujours prêché l'insubordination, a publiquement défendu aux dits habitants de payer aucunes rentes et agriers ; qu'il a autorisé une affiche incendiaire qui a été trouvée à la porte de l'église de la dite paroisse, qu'il s'est opposé à ce qu'elle fût enlevée en disant que si elle n'y était pas, il l'y placerait, qu'il a enfin été dénoncé par la voix publique comme le principal moteur de tous les excès commis dans cette paroisse et de ceux que les habitants se sont permis dans quelques autres ; que François Olivier de la même paroisse est accusé d'avoir engagé plusieurs personnes à aller chez le sieur Hillairet *lui faire ravage* attendu qu'il avait payé ses rentes au *sieur Poncheral* qui le lui avait dit ;

....

Que le *sieur Poncheral*, ci-devant seigneur de Pouillac, s'est plaint de ce que les gardes nationales de la paroisse de Rioux-Martin sont allés chez lui le jour de la Pentecôte ; qu'ils ont exigé à main armée, de son épouse, en présence de ses gens, le remboursement d'une rente de 46 livres qu'il avait du sieur Hillairet ; qu'ils ont bu une barrique de vin ou environ ; qu'on y a mangé dix gros pain pesant chacun 20 à 25 livres, trois jambons, deux pains blancs pour les officiers et différents autres objets portés en son mémoire ; qu'on a exigé encore de son épouse un billet portant promesse de payer le déjeuner qui se ferait chez le nommé Couturier, cabaretier ; qu'ils ont pris cette précaution, après avoir mangé tout ce qu'ils avaient pu trouver dans sa maison ; qu'ils ont fait chez le dit cabaretier pour 147 livres un sol de dépenses, suivant l'état qui en a été fourni;

Que le *sieur Poncheral* ayant accusé le sieur Ribéraud de l'Etang, capitaine, et le maire de Rioux-Martin d'avoir été les instigateurs et de s'être mis à la tête de l'insurrection, le dit sieur Ribéraud de l'Etang aurait représenté une lettre adressée à MM. les Militaires composant la compagnie de Rioux-Martin, datée du 8 juin 1791, signée de La Faye, commandant général, qu'il aurait remise aux dits commissaires comme une pièce suffisante pour établir sa justification, et aurait soutenu qu'il aurait été forcé dans cette démarche, ainsi que cela devait être prouvé par les déclarations faites aux dits sieurs commissaires dans la dite paroisse ou qu'il le ferait aussitôt qu'on l'exigerait ;

....

Considérant que ces excès et ces voies de fait sont très repréhensibles ; que ceux qui s'en sont rendus coupables méritent une punition sévère et qui en impose à ceux qui sont tentés de les imiter ;

Ouï le procureur général syndic, le Directoire du département a arrêté de dénoncer à l'accusateur public les susnommés, ensemble leurs adhérents et leurs comcomplices comme séditieux perturbateurs du repos public..... (1).

Monsieur le Marquis eut-il peur ? je le croirais, car je le vois laisser sa particule et le 12 frimaire an III, il signe *Eutrope Pontcharaille, cultivateur*, âgé de 42 ans.

---

(1) Extrait des Archives départementales : Fonds de la Révolution.

UN AUTRE DE PONCHARRAL

M. Papillaud, dans son livre sur Montboyer, écrit à la page 202 : « De la compagnie franche de Barbezieux formée en 1792, il revint de la Vendée en décembre 1793, à la fin de la guerre :

Poncharral de Pouillac, né au château de *Bellevue* en Saint-Avit, qui revenait avec eux, avait sans doute le gousset suffisamment garni, car, dit la note, il abandonna à la Nation la somme qui lui revenait pour le même temps.

(Ils avaient touché à Barbezieux chacun sept jours de marche). »

Qu'est-ce que ce Poncharral ? Est-ce un frère à Louis-Eutrope-Alexandre ? Est-ce un bâtard ?

1ᵉʳ ENFANT DE PONCHARRAL-DE FAGET

Le 23 janvier 1785 a été baptisé messire Louis-Zénon-Vincent, fils légitime de *messire Louis-Eutrope-Alexandre de Poncharral, marquis de Pouillac*, ancien officier au régiment de Flandre, seigneur des chatellenies de *Bellevue*, Saint-Avit et en partie de Bazac, et de *dame Marie-Anne-Félicité* de Faget.

Ont été parrain et marraine : *messire Louis-Zénon-de Faget*, aïeul maternel, conseiller à la cour des *Aydes* de Bordeaux, seigneur de Belle-Roche, Quennefer, et autres lieux, et *dame Marie-Louise-Paule Ouvrard de Martigni*, aïeule paternelle (1).

---

(1) Archives communales de Saint-Avit.

Ce fut un enfant terrible, un peu déséquilibré. Son père voulait sans doute en faire quelqu'un : il fut élève à Parcoul, chez un officier de santé nommé Jean Bomard. Lui-même cherchait à arriver ; il parlait de fonder un collège et il choisissait, par la pensée, ses professeurs parmi les lettrés de la commune.

Il abandonna bientôt la médecine et vint se fixer à Pont de Corps dès qu'il eut sa majorité et le 15 octobre 1807, je le trouve témoin dans un acte notarié. Il l'est encore les 20 juillet 1809, 11 février 1810, 6 février 1813 et un acte se passe chez lui.

Le 11 janvier 1817, son père l'institue pour son procureur général et il lui donne pouvoir de vendre plusieurs parcelles faisant partie du domaine de Pont de Corps, situées en Médillac, venant de la succession de M. Jean-Baptiste de Poncharail, père du dit Louis-Eutrope-Alexandre, promettant avoir pour agréable tout ce qui sera fait.

Signé : L. Poncharral, père, et Bourdier.

Enregistré à Chalais le 16 janvier 1817, f° 22, c° 65. Signé illisiblement (1).

La fortune s'émiettant, il fut obligé de louer son domaine de Pont de Corps et on le voyait tantôt à Bellevue, tantôt à Parcoul, mais préférablement à Devanne où il préparait une liaison.

D'un état des lieux dressé le 13 mai 1819, il résulte que les bâtiments de Pont de Corps comprenaient : la chambre ordinaire des métayers, la chambre longue à droite de la première, la buanderie, la chambre ancienne de demeure des métayers, la chambre noire, l'escalier en pierre qui conduit dans les greniers, la grange, les écuries, les toits appelés les bâtiments neufs, le toit à brebis, deux toits à cochons, Il y faut pour 150 francs de réparations. La propriété avait été affermée au nommé Martial Gagnier.

---

(1) Archives de M. Bouyer, notaire à Rioux-Martin.

Signé : Zénon de Poncharral, Parenteau, Bourdier, Bardon, Cosnier.

Enregistré à Chalais le 24 mais 1819, f° 139, c° 6. Reçu 2 fr. 20. Signé illisiblement (1).

On raconte qu'à cette époque il se renfermait souvent dans une pauvre chambre de Devanne et on a montré longtemps aux jeunes gens le misérable taudis où il vivait, avec une jeune fille du lieu, Marie Gié ; il se faisait appeler le « *baron de Pont de Corps* ».

« Le 4 juin 1819, par devant les notaires royaux Jean-Nicolas Bourdier, à la résidence de Rioux-Martin, et son collègue, à celle de Chalais, sont comparus : M. François de Laporte, maire de la commune de Médillac, y demeurant, et M. Louis-Zénon de Poncharail, propriétaire agriculteur, demeurant à Devanne, même commune de Médillac. Disent les parties que le sieur de Laporte étant sur le point de faire citer le dit sieur de Poncharrail devant les tribunaux compétents, pour avoir cherché à ternir sa réputation d'une manière peu légale, sans y avoir jamais donné lieu, ce qui allait engager les parties dans un procès désagréable pour elles, le dit sieur de Poncharrail, pour l'éviter, avouant ses torts, déclare par ces présentes qu'il reconnaît M. de Laporte pour un homme d'honneur et de probité, que c'est par erreur qu'il l'a injurié, soit verbalement, soit par écrit, qu'il ne peut dans toutes les circonstances qu'attester la conduite du sieur Delaporte tant comme homme privé que comme magistrat, qu'il reconnaît en outre que les membres du conseil de la commune du dit Médillac méritent également les mêmes éloges, et qu'à l'avenir la réflexion sera son guide, plutôt qu'un mouvement de colère dont il a trop bien senti les facheux résultats. Dont acte fait, lu et passé dans l'étude du dit Bour-

---

(1) Archives de M. Bouyer, notaire à Rioux-Martin.

dier ; les parties ont signé avec nous dits notaires ; fera, le dit sieur Poncharrail, les frais des présentes.

Signé : Zénon de Poncharral, Delaporte, Bourdier, Parenteau.

Enregistré à Chalais le 14 juin 1819, f° 149, c° 8. Reçu 3 fr. 30. Signé illisiblement (1).

Au moins voilà un différend réglé à assez bon compte et où les combattants n'ont pas eu à trop risquer leur peau. Il me semble que les ascendants de Zénon, les vaillants guerriers chevaliers du siècle de Louis XIV, n'auraient pas terminé cette affaire d'une façon aussi craintive.

Le 28 juin 1819, Louis-Zénon-Vincent de Pontcharrail réside toujours à Devanne et il emprunte mille francs du nommé Richard Landry, demeurant au bourg de Sérignac.

Il fait au même un nouvel emprunt de huit cents francs le 27 juillet suivant et il hypothèque tous ses biens sur Médillac qu'il venait d'avoir en partage.

C'est sans doute le moment de son mariage avec sa métayère Gié ou Giet. Il ne m'a pas été possible de trouver la trace de son acte de mariage dans les archives communales de la contrée, mais il est de tradition dans le pays qu'il s'est marié avec sa métayère de la commune de Médillac.

Son père aurait-il consenti à une mésalliance aussi forte ? j'en doute quand je le vois plus tard refuser par trois fois son consentement au mariage de son plus jeune fils. Partant de cette idée, je penserais que Zénon et Marie vivaient en union libre et c'est l'avis de bien des gens du pays.

....

Marié, il faisait un travail qu'il appelait : *une encyclopédie* ; sa femme, qui lui disait vous et l'appelait Monsieur lui disait : « *Que fasez-vous là à rigoiser sur*

---

(1) Archives de M. Bouyer, notaire à Rioux-Martin.

du papier ? Vous feriez bien mieux de venir biner vos choux..... »

Il souffrait d'avoir, disait-il, *une femme au-dessous de lui*, et il s'en plaignait parfois à ses voisins. C'est le contraire, pensaient les voisins : la femme travaillait et lui ne faisait que parler inconsidérément et courir les maisons bourgeoises des environs où on le recevait encore par considération pour le vieux Marquis, son père. Il se grisait facilement et le mettre ensuite dehors n'était pas toujours facile.

Il était plutôt simple, pour ne pas dire plus et les anecdotes se rapportant à sa vie abondent dans le pays.

Un jour le médecin vint visiter quelqu'un malade chez lui. Il ordonne un lavement et on dut lui dire où le mettre. Pour ne pas oublier la commission à l'aller et au retour de chez le pharmacien, il répétait sans cesse : dans le c... dans le c... Il saute un fossé. Il oublie le nom... Il était inquiet... Une femme qui l'avait entendu précédemment et avait compris son oubli lui rappelle le mot...

— Oh ! merci Madame, vous m'avez bien rendu service... Dans le c..., dans le c..., dans le c...

Pont de Corps se vendit et Zénon et Marie furent bientôt malheureux.

Ils eurent trois enfants, nés dans la commune de Saint-Quentin, au lieu de Biroche, dans une misérable cabane, et non dans la maison noble de la famille de Seiche, comme on pourrait le croire :

1° Catherine-Zénon, connue plus tard, sous le nom de Zidorine, née en 1819 ;

2° Germain-Eutrope-Alexandre, né le 31 juillet 1820 ;

3° Morice-Jules-Félix, né le 22 septembre 1823.

Les actes de naissance des deux garçons sont signés : Zénon de Poncharral. Il a dû oublier de faire enregistrer la fille.

En 1836, ils sont habitants du Grélis de Saint-Avit où ils perdent leur 3ᵉ enfant, le 14 juin.

Réduits à la misère, ils quittèrent le pays. Ils montèrent une auberge vers Barbezieux ? Quelques années après, Zénon de Poncharral vendait du fil et des aiguilles du côté de La Rochefoucauld. Il écrivit trois fois à son ancienne voisine du château de *Bellevue*, Mlle Célestine de Pressac, la priant d'intercéder pour lui auprès de sa sœur afin d'avoir quelques subsides. Il écrivait : Ma femme est bête, elle élève mal mes enfants qui ne veulent pas m'obéir... Je reviendrai lorsque j'aurai vendu mon fil de La Rochefoucauld en deux bouts... Pauvre marchand ambulant !

Il ne m'a pas été possible de savoir où sont morts ces deux époux.

J'ai été plus heureux pour leurs deux enfants survivants:

« De Poncharrail, Catherine-Zénon, âgée de 75 ans, sans profession, née à Saint-Quentin, Charente, fille de défunts : Louis-Zénon de Poncharrail et de Marie Giet, veuve de Jean Baubrun, boulanger, et épouse de Jean Robert, journalier, est décédée le 9 avril 1894, rue des Juifs, n° 11, à Angoulême. »

« De Poncharal, Germain-Eutrope, âgé de 77 ans, ancien gardien de prison, né à Saint-Quentin-de-Chalais, Charente, fils de............ et de............. époux de Jeanne Guilberteau, est décédé à l'hôpital d'Angoulême le 21 octobre 1897. » (1).

Ce dernier n'a pas laissé de postérité.

---

(1) Archives communales d'Angoulême.

2ᵉ ENFANT DE PONCHARRAL-DE FAGET

Jeane-Marguerite-Denise, fille légitime de *messire Louis-Eutrope-Alexandre de Poncharral*, marquis de Pouliac, seigneur de Saint-Avit, *Bellevue* et autres lieux, et de *Marie-Anne-Félicité de Faget*, son épouse, a été baptisée le 2 octobre 1788 (1).

Le 20 juin 1818, mariage de Guillaume-Alexandre Juglard de La Grange, ex-garde du corps du roi, 37 ans, né à Blanzaguet, demeurant au logis de La Grange, commune de Blanzaguet, canton de la Valette, Charente, fils de feu François de Juglard, chevalier de La Grange, officier d'infanterie, et de feue dame Marthe Bizet ;

Avec demoiselle Jeanne-Marguerite-Rose-Denize, surnommée Eugénie, de Poncharral, 29 ans, née à Saint-Avit, fille de Louis-Eutrope-Alexandre de Poncharral, marquis de Pouliac, domiciliés les deux à *Bellevue*, et de feue dame Félicité de Faget (2).

Ce mariage donna :

1° Louise, dont le mariage a été bénit dans l'église de Bazac en 1848, avec un Duval, écuyer ;

2° Charles, qui épousa Elisabeth Duchazeau de la Rennerie, dont deux filles nées à Saint-Avit en 1850 et en 1852.

Guillaume-Alexandre Juglard de La Grange est décédé à *Bellevue* le 15 janvier 1851.

Jeanne-Désirée-Rose-Marguerite-Eugénie de Poncharral, 69 ans, native de Saint-Avit, Charente, veuve de Guillaume-Alexandre de Juglard de La Grange, officier de cavalerie, fille de défunt Louis-Eutrope de Pont-

---

(1) Archives communales de Saint-Avit.
(2) Idem.

charral, marquis de Pouillac, et de défunte Anne-Félicité de Faget de Quennefer, est décédée le 24 juillet 1857, rue Margaux, n° 19, à Bordeaux (1).

3ᵉ ENFANT DE PONCHARRAL-DE FAGET

Louis-Vincent-Zénon-Bellezamis-Tellescot de Poncharral, fils de Louis-Eutrope-Alexandre de Poncharral, marquis de Pouillac, et de Anne-Félicité de Faget, est né en 1799 ou 1800.

Il fut un enfant soumis, plus rangé que son frère Zénon, mais de santé plutôt délicate.

« Le 1ᵉʳ juin 1818, par devant Jean-Nicolas Bourdier, notaire à Rioux-Martin, sont comparus M. Louis-Eutrope-Alexandre de Poncharral, marquis de Pouliac, ancien officier d'infanterie au régiment de Flandre, demeurant en son château de *Bellevue*, commune de Saint-Avit, d'une part ;

M. Louis de Poncharral, fils, propriétaire, *mineur émancipé*, procédant sous l'autorité de Mᵉ Jacques Parenteau, notaire royal, son curateur à conseil ici présent, demeurant savoir : le dit sieur Louis de Poncharral au lieu de Taillant, commune de Saint-Quentin, et le dit Mᵉ Parenteau à Chalais, d'autre part ;

· Et enfin sieur Condemine, maire de la commune de Saint-Avit et y demeurant, agissant au nom et comme fondé de pouvoir de demoiselle Eugénie de Poncharral, fille majeure, suivant sa procuration sous signature privée du 20 avril 1818, enregistrée à Chalais le 1ᵉʳ juin 1818, f° 29, c° 84.

Cette procuration a été signée à Bordeaux.

---

(1) Archives de la ville de Bordeaux, 1ʳᵉ section, n° 814.

Disent les parties et aux dits noms, que mon dit sieur de Poncharral, père, aurait vendu son domaine de Pont de Corps à M. Louis-Zénon de Poncharral, fils aîné suivant acte du 10 novembre dernier retenu Parenteau ; que par cet acte le dit sieur Zénon de Poncharral aurait cédé au dit sieur son père une somme de 17.625 francs à prendre sur M. Louis Faget de Quennefer, son oncle, chevalier de Saint-Louis, de la ville de Marmande, son débiteur en vertu des titres énoncés au dit acte ; que le dit sieur de Poncharral père devait également recevoir les intérêts que produirait la somme cédée, à partir du jour du contrat, ou quoi qu'il en soit au mois d'octobre précédent. Mon dit sieur de Poncharral père déclara dans ce contrat qu'il destinait la part de la susdite somme à payer *ce qu'il devait à ses enfants montant à chacun 5875 francs* pour partie des remplois de leur mère, ainsi qu'il est expliqué au dit contrat.

C'est pour réaliser la dite intention que mon dit sieur de Poncharral père consent que le sieur Louis de Poncharral touche de mon dit sieur de Quennefer la somme de 5.875 francs, ensemble les intérêts à partir du 3 octobre dernier.

Que la dite demoiselle de Poncharral touche même somme et intérêts que celle qui vient d'être indiquée pour monsieur son frère ; le tout pour ce qu'il doit d'échu des remplois de la dame leur mère, ainsi qu'il vient d'être dit et en acquittant au dit sieur Louis de Poncharral et à la demoiselle sa sœur mon dit sieur Faget de Quennefer en sera d'autant quitte et déchargé soit envers le dit sieur de Poncharral père qu'envers le sieur Zénon de Poncharral cédant de ce dernier.

Le dit mandat ou délégation a été formellement accepté tant par le dit sieur Louis de Poncharral dont l'autorisation susdite que par le dit sieur Condemine et au dit nom dans l'intérêt de sa commettante ; au moyen de quoi le dit sieur de Pontcharral père se trouve quitte envers les acceptants qui ne pourront lui faire aucune demande, sans préjudice néanmoins aux sommes qui peuvent leur être dues et qui ne sont exigibles qu'après le décès du sieur de Poncharral père.

Les frais du présent contrat seront faits par tiers, l'un pour le compte de M. de Poncharral père et les deux autres pour celui des dits sieurs Louis de Poncharral et de demoiselle sa sœur.

C'est l'intention des parties.

Fait, lu et passé à Chalais, mes dits sieurs Poncharral père et fils, le dit sieur Condemine et le dit sieur Parenteau ont signé avec nous dits notaires.

Signé : Louis de Poncharral, L. de Poncharral père, Condemine, Parenteau, Bourdier et Cimot.

Enregistré à Chalais le 1er juin 1818, f° 13, verso c°ª 4, 5, 6 et 7.

Reçu pour la 1re cession........	60 80
Reçu pour la 2e cession........	60 80
Décimes......................	12 16
Total...............	133 76

Signé illisiblement. » (1).

Louis de Poncharral n'a jamais possédé d'immeubles.

Il entra comme militaire dans la Garde royale et devint caporal.

Bientôt il eut comme maîtresse une belle et jolie fille du bourg de Bazac qui lui donna quatre enfants naturels :

1° Marie Carteau, née à Bazac le 14 juillet 1819, fille de père inconnu et de Marie Carteau.

Cette fille, appelée Justine en famille, a épousé à

---

(1) Archives de M. Rouyer, notaire à Rioux-Martin.

Bazac, le 14 février 1834, Guet, Pierre, dont un descendant Guet, N..., habite Guîtres, où il exerce la profession de menuisier ébéniste et celle de chef de musique.

2° Le 26 septembre 1820, est né au Taillant de Saint-Quentin : Télescot de Poncharaille, de Louis de Poncharail, le reconnaissant pour son fils, et de Marie Carteau.

Signé : Louis de Poncharral fils.

3° Jean ou Ludovic, né à Bazac en 1823, mais non enregistré. Son acte de décès dit : « le 16 novembre 1828, est décédé au bourg Jean Poncharaille, âgé de 5 ans, fils de Louis de Poncharaille et de Marie Carteau. » (1).

4° Une autre Marie, peut-être Hortense, née à Bazac vers 1825. Il n'a pas été possible de trouver son acte de naissance et j'ignore ce qu'elle est devenue.

Louis de Poncharral aimait certainement sa maîtresse et ses enfants. Il a fallu que l'orgueil de caste de son père empêchât le mariage qu'il désirait ardemment. Le « dur » Marquis avait conservé ce vieil esprit de la noblesse d'autrefois qui pensait qu'une mésalliance était une tache sur le blason.

Testament : « Le 13 septembre 1827, devant nous Jean-Nicolas Bourdier, notaire royal, à la résidence de Rioux-Martin. canton de Chalais, arrondissement de Barbezieux, Charente, en présence des témoins ci-après nommés, est comparu M. Louis-Zénon-Vincent-Balzamy-Telescot de Poncharail, caporal dans la Garde royale, demeurant à Paris, caserne de l'école militaire et actuellement au bourg de Bazac, lequel étant au lit malade, cependant sain d'esprit, nous a dicté son testament en ces termes : Je donne et lègue à Marie Carteau, avec laquelle je demeure au dit lieu de Bazac,

---

(1) Archives communales de Bazac.

une somme de 3.700 francs qui m'est due par M. Faget de Quennefer, mon oncle, après le décès de ma grand'mère. Je donne, en outre, à la dite Carteau, ma future épouse, tous les biens meubles et immeubles que je laisserai à mon décès pour qu'elle s'en empare incontinent, ainsi que toutes autres créances qui pourraient m'êtres dues, tant par mon frère Zénon que tout autre, afin qu'elle les fasse payer ainsi qu'elle avisera, lui léguant tous mes dits biens, présents et à venir.

Je reconnais pour mes enfants naturels : MM. Telescot de Poncharrail, enregistré sous mon nom à la mairie de Saint-Quentin ; Ludovic de Poncharrail, enfant non enregistré, qui demeure avec la dite Carteau, sa mère ; les demoiselles Marie-Hortense, enregistrée à la mairie de Bazac, et Marie Carteau également enregistrée à la mairie du dit Bazac, *tous mes enfants de la dite Carteau, lesquels nous nous proposons légitimer* par la célébration de notre mariage qui aura lieu le plus tôt possible.

Enregistré à Chalais le 20 février 1828, f° 90, v° c° 7. » (1).

Le 17 septembre 1827, notification de Louis-Zénon-Vincent-Balzamir-Telesco de Poncharail, ex-caporal dans la Garde royale, demeurant il y a peu de jours à Paris, caserne de l'école militaire, et actuellement au bourg de Bazac, lequel ne pouvant obtenir de M. Louis-Alexandre de Poncharail, son père, marquis, demeurant au lieu de *Bellevue*, son consentement au mariage qu'il se propose de contracter avec Marie Carteau, lui adresse ce 1ᵉʳ acte respectueux enregistré à Chalais le 27 septembre 1827, f° 44, v° c° 4.

La notification du 2ᵉ acte respectueux eut lieu le 15 octobre 1827. Le père répond *ne vouloir ni ne pouvoir*

---

(1) Archives de M. Bouyer, notaire à Rioux-Martin.

donner son consentement à un mariage si extraordinaire que le sieur Louis veut entreprendre avec la dite Marie Carteau, déclarant ne vouloir, ni ne pouvoir signer.

La notification du 3° acte respectueux a été faite le 19 novembre suivant par Mᵉ Jean-Nicolas Bourdier, notaire royal, résidant à Rioux-Martin. *Le père a répondu qu'il laisse son fils libre dans ses réflexions, que quant à lui, il n'a plus rien à dire, déclarant ne vouloir signer quoiqu'il puisse le faire.*

Enregistré à Chalais le 21 novembre 1827, f° 64, recto cᵉ 1ʳᵉ (1).

Il y eut un exploit, les 7 et 8 janvier 1828, de l'avoué M. Chadeffaud, demeurant à Barbezieux, pour M. Louis-Vinvent-Balzamy-Telasko, *vicomte* de Poncharral, militaire demeurant commune de Razac, contre : Messire Louis-Eutrope-Alexandre de Poncharral, père, marquis de Pouillac, ancien officier supérieur au régiment de Flandre infanterie, demeurant au château de *Bellevue*, commune de Saint-Avit, opposant au mariage du défenseur, son fils.

Il était dû 5 francs à M. Chadeffaud que M. Dussouchet lui a payés le 6 juillet 1828 (2).

Le mariage était sur le point d'avoir lieu malgré tout lorsque le 17 février 1828 est décédé Louis-Vincent-Zénon-Bellezamis-Tellescot de Poncharral, fils de Louis-Eutrope-Alexandre de Poncharral, marquis de Pouillac, et de feue Anne-Félicité de Faget (3).

Le 25 février 1828, M. de Poncharral père, dressa un état des objets laissés par son fils Louis, mort chez lui, et l'inventaire en a été fait le 17 avril suivant par les soussignés :

Un habit, un mauvais bonnet de police, 8 chemises,

---

(1) Archives de M. Bouyer, notaire à Rioux-Martin.
(2) Papiers de M. Barraud.
(3) Archives communales de Saint-Avit.

6 mouchoirs, un lit avec sa garniture en siamoise bleue à flammes, une couverte, un porte-manteau, une quittance, un mémoire, argent 504 fr. 10.

Signé : Le Maire de Saint-Avit, Condemine, Lépine, adjoint, et Quichaud.

L'inventaire notarié, signé Bernard et Bourdier, est du 29 juin 1828.

Pierre-Henry Dussouchet, propriétaire, demeurant à la Curatrie de Rioux-Martin, et Pierre Bernier, avaient été nommés tuteur et subrogé-tuteur devant M. le Juge de Paix, le 12 mai 1828, certainement pour prendre part à cet inventaire qui a donné encore : trois billets appartenant à la dame Marie Carteau, demeurant au bourg de Bazac, ici présente, et qui lui ont été à l'instant laissés par le dit sieur Dussouchet, de même que le bois de lit et la couverte dont on a parlé, desquels objets elle accorde décharge au tuteur.

L'inventaire a été enregistré à Chalais le 1er juillet 1828, f° 27, cases 5, 6 et 7 (1).

Le 23 novembre 1829, les autres meubles de l'inventaire ont été vendus à Marie Carteau pour 61 fr. 80.

Il revient aux mineurs dans ce lot :

A Justine, l'aînée..................	20 60
A Thelesco......................	20 60
A Hortense, la plus jeune........	20 60
Total............	61 80

Le 13 juin 1831, M. Dussouchet plaça Justine, comme apprentie pour faire des chemises chez Catherine Tillard, blanchisseuse, épouse de sieur André Laperre, serrurier, demeurant à Chalais (2).

Marie Carteau, mère des 4 enfants précités, s'est mariée à Bazac le 17 août 1829 avec Jean Bernier. Elle

---

(1) Papiers de M. Barraud.
(2) Idem.

est alors indiquée née à Curac et être âgée de 28 ans.

De ce mariage est née au moins une fille, Marie Bernier, née au dit Bazac le 25 juin 1830, qui a épousé le nommé Léonard Moreau au dit lieu de Bazac à la date du 21 juillet 1856. Un fils, Moreau, Jacques-Edouard, est né à Bazac le 1er avril 1861. Il habite Périgueux, rue Louis Le Blanc, où il est sabotier et épicier.

Le 12 décembre 1868 est décédée Marie Carteau, épouse de Jean Bernier, âgée de 67 ans, née à Curac, fille de François et de Françoise Expert (1).

Je reviens à Telescot de Poncharraille, né à Saint-Quentin le 26 septembre 1820.

Le 29 août 1848, mariage à Parcoul de Telescot de Poncharrail, menuisier ébéniste, âgé de 27 ans, 11 mois et 2 jours, fils majeur et naturel de feu M. Louis-Vincent-Zénon-Balzamir-Telescot de Poncharrail, reconnu par lui dans l'acte de naissance, en date du 27 septembre 1820, et de Marie Carteau, les deux demeurant à Bazac, présente et consentante, avec Marguerite Brard (2).

Il jouissait à Parcoul d'une réputation parfaite : c'était un ouvrier habile, un bon père de famille, un voisin complaisant, un ami sincère et dévoué, un compagnon toujours de bonne humeur. Il mourut le 1er décembre 1885, âgé de 65 ans et fut regretté de tous ceux qui l'ont connu.

Le mariage ci-dessus a donné Marie Télescot de Poncharail qui a épousé, le 19 février 1867, Barraud, François, menuisier. L'époux est décédé le 29 mars 1894. L'épouse était décédée du 11 août 1887, âgée de 36 ans (3).

Ils eurent deux enfants : Barraud, Pierre-Emile, né le 18 juillet 1869, comptable à la minoterie Mestreau de

---

(1) Archives communales de Bazac.
(2) Archives communales de Parcoul.
(3) Idem.

Chalais ; Barraud, Jean-Marcelin, né le 15 décembre 1875, décédé à La Roche-Chalais.

> Ouvrier des champs ou de l'atelier,
> Tu n'as pas à regretter le passé.
> Songe, réfléchis, et tu seras fier,
> Car, bien sûr, sorti de servilité
> Et du Travail faire ta noblesse,
> Tu grandis ici-bas en dignité.
> Tu n'as plus à faire de promesse
> Autre qu'aimer toujours l'Humanité.

LE CHATEAU DE BELLEVUE

Il aurait été construit entre 1610 et 1615. Sur le portail, il y avait la date de 1615. Il était dans le style Louis XIII le plus pur. On y voyait un escalier en pierre remarquable par sa forme et sa disposition, de grandes cheminées fort belles, des tapis des Gobelins de beaucoup de valeur. Quelques additions faites à la fin du règne de Louis XV avaient plutôt nui à son cachet primitif.

Louis XVI aurait fait visite à ses hôtes au début de son règne.

Il a appartenu à la famille de Poncharral, sinon depuis sa construction, sûrement depuis 1678 jusque vers 1861, époque où la famille de Juglard de La Grange le vendit à M. de Lamballerie, Paulin, dont l'héritière, Mlle de Lamballerie, Marie-Josephe, le vendit à M. Auger, Edgard, de Montmoreau, pour l'usufruit, et à sa fille, Jeanne-Lydie, épouse de M. le Comte Jacques d'Aubigny, arrière-petit-fils du général de Cathelineau, pour la nue-propriété.

M. Auger l'a fait reconstruire dans le cours des années 1905 et 1906 en s'efforçant de conserver l'ancienne architecture et cette reconstruction a dû coûter environ cinq cent mille francs, plus de vingt fois la valeur de toute la propriété foncière.

Actuellement, il est indiqué à la case 27 de la matrice cadastrale de Saint-Avit, avec 66 ouvertures, pour un revenu cadastral de 1.956 francs.

Le reste du domaine est porté au folio 114 pour une surface de 32 hectares 33 ares 55 et un revenu de 342 francs 30.

On y remarque de superbes vignobles soignés selon les indications rigoureuses de la science vinicole.

Cette demeure, située au milieu d'un ravissant paysage, comporte des caves immenses, de vastes salles bien aérées et éclairées à l'électricité. Un service d'eau y est assuré par un moteur et un distributeur dans tous les appartements.

Le parc, entièrement clos, renferme un étang, du gibier à poil et à plume ; des allées sablées entourées de grands arbres donnent en été un ombrage des plus frais et de temps en temps quelques éclaircies offrent à la vue des sites agrestes et des plus agréables. J'ai rarement vu une propriété avec un confortable aussi complet.

Les dépendances du château sont occupées par une distillerie.

www.ingramcontent.com/pod-product-compliance
Lightning Source LLC
Chambersburg PA
CBHW060726050426
42451CB00010B/1651